AF509679

(3)

ADDITION

AU MÉMOIRE du 4 Novembre 1788 , en reclamation des États du Duché de Bar , laquelle est justificative des faits énoncés és Mémoires, & Lettres présentés à Sa Majesté.

LE Duché de Bar est un pays d'Etat ; cette vérité de fait a été démontrée par le mémoire du 4 Novembre.

Rappeller les principaux monumens qui l'établissent , y joindre le précis de nouvelles preuves, est un devoir que les trois Ordres de sa capitale s'empressent de remplir au moment où les priviléges de leur province vont recevoir , du plus juste des Rois , la confirmation qui leur est due.

Ce fut en 1397 que le Duc Robert déclara , du consentement des Etats de ce Duché , *les domaines qui le composent inaliénables en tout ou en partie.*

Le 13 Août 1419, Louis, cardinal, duc de Bar , céda le duché de ce nom à René d'Anjou , *en présence des trois Etats de ce duché , aujourd'hui assemblés pour cette cause en notre ville de Saint-Mihiel ;* ce sont les termes mêmes de la donation.

Ce fut donc au duché de Bar que celui de Lorraine fut consolidé ; aussi les ducs de Lorraine prenoient-ils , à ces époques , la qualité de ducs de Bar & de Lorraine.

Les Etats du Barrois furent convoqués à Pont-à-Mousson en 1484 , à raison des outrages que les habitans du pays exer

A

çoient sur les terres de ce duché, et on y octroya un aidé de deux gros par feu, vallant 11 fols 8 deniers tournois, monnoie de France, tout le tems que dureroit la guerre.

Les mêmes Etats avoient, deux années auparavant, accordé au duc de Bar un aide de quinze gros par feu, durant trois années, les comtés de Ligny s'engagerent à en payer leur cote & portion qui fut fixée à 800 liv.

En 1489, les Etats du Barrois octroyerent à leur souverain douze gros par feu pendant trois années; & en 1493, les mêmes aides furent demandés et accordés.

Ces faits font prouvés par un acte de notoriété authentique du 28 Janvier 1496, que l'on produit & qui fut donné sur l'imposition des aides du duché de Bar à Jean Devillier, Procureur-général du duc de Lorraine, par les gens les plus considérables de cette province.

Le pouvoir convenu par les trois Etats du Barrois, en 1497, en faveur de leurs Ducs, d'impofer et lever deniers sur les sujets de cette province, pourvu que ce fût de l'octroi des Etats, et l'obligation des trois Ordres de comparoir aux Etats, font prouvés aussi solidement.

Elle réside cette preuve dans l'inventaire général des six coffres transportés de la Mothe à Nanci, qui contenoient les diplômes, titres & enseignemens relatifs au duché de Bar; cet inventaire fut fait l'an 1634, le 18 Septembre en l'hôtel d'ische, en préfence de M. l'Abbé de Gorze, chef du Confeil de Lorraine, & des sieurs Jeannin et Perrin, conseillers d'Etat.

Cette Pièce est en outre énonciative, 1.º d'un acte de 1337, par lequel Errard du Chatelet consent que les sujets de

la terre de Pierrefite, réfidans ès ville et paroiſſe de Bar, con-
tribuent aux aides octroyés par les Etats.

2.º De deux autres actes, portant qu'un duc de Bar peut
aſſembler les Etats du duché dans telle ville que bon lui
semble, & qui en dépendent.

Les monumens cités dans le mémoire du 4 Novembre,
pour la seconde époque, ne peuvent pas plus être contre-
dits que les précédens.

Les trois Etats du Duché de Bar avoient été convoqués en
1555, à la rédaction des coutumes de Sens ; le duc de Bar
y comparut, & il n'y a pas un seul endroit confidérable
du duché, qui ne soit compris et dénommé dans les procès-
verbaux de cette coutume.

Les coutumes de Bar-le-Duc furent rédigées par écrit en
la tenue des Etats dans la même ville le 13 Septembre 1579,
sous le regne de Charles III ; elles l'avoient été précédem-
ment en 1506 par les trois Etats du bailliage convoqués par
ordonnance du Roi René.

Dans les Etats du Barrois de 1508, ils octroyerent au duc
Antoine trente gros par conduit. Ceux de 1535 accorderent
trois francs aussi par conduit. Les lettres de non préjudice
qui furent données à ces époques, & à celles qui leur suc-
céderent, portent toute la réserve de la franchiſe du Barrois *nommément.*

Le bon duc Henri, par ses lettres-patentes du 10 octobre
1615, convertit les impôts octroyés par ses Etats du duché
de Bar en une ſomme d'argent, *cette ſomme étant plus facile
à lever que les denrées qu'on lui avoit accordées.*

Ce fut le même Prince qui , par sa déclaration du 25 Janvier , même année , donnée pour raison des octrois , dont fut acquis le marquifat de Nomény , annonça qu'il ne pouvoit faire aucunes impofitions sur ses sujets du Barrois , *que dans l'assemblée des Etats Généraux de ce pays , & de leur confentement.*

Le procès - verbal des Etats tenus à Bar en 1664 , porte que le seigneur duc , les a fait prier de lui accorder quelques sommes d'argent dont il avoit befoin , *et que s'étant absenté pour laisser la délibération plus libre ,* les octrois qu'il sollicitoit lui furent accordés.

Le 18 mai 1672 , il fut donné , à la réquifition du syndic de la ville de Bar - le - Duc , un acte de notoriété des tribunaux et des trois ordres de la capitale de ce duché , par lequel ils certifient que le Barrois eft un pays d'Etat , *dans l'étendue duquel les ducs de Bar ne font aucunes impofitions , ni levées de deniers que de la tenue ,convocation et réfolution des trois Etats de ce duché.*

A toutes ces vérités on croit devoir en ajouter une autre également constante ; le duché de Lorraine n'a jamais été pays d'Etats ; tous les hiftoriens de la province le reconnoissent ; les Etats de ce duché n'étoient que des affemblées de notables , où le tiers état n'étoit jamais appellé ; mais il fut quelquefois représenté par les magistrats de la province.

Les Etats du Barrois , au contraire , ont toujours été conftitués et formés par les trois ordres , *qui étoient tenus d'y comparoître ;* les députés furent toujours convoqués par les baillis , et chaque communauté y avoit un ou plufieurs députés du tiers.

(5)

Seroit - il jufte qu'une province réunie au Duché de Bar, obtînt, par les tîtres mêmes de ce duché, une conftitution à laquelle il a seul des droits certains, & qu'elle s'enrîchit, en la dépouillant d'une inftitution qu'elle seule pouvoit reclamer.

Les trois ordres de la ville de Bar, en renouvellant à M. le baron de Mousin de Bernecourt, premier lieutenant des gardes-du-corps de Monseigneur Comte d'Artois, les pouvoirs dont ils l'ont chargé dans les deux précédentes affemblées, lui renouvellent aussi leurs remercimens des bons offices qu'il rend à la province du Barrois, & le prient de les lui continuer avec le zèle qu'il a montré dans la réclamation d'une conftitution que l'on ne peut confondre avec celle de la Lorraine, sans porter atteinte aux privilèges du duché, aux conditions de son union à la France, & sans altérer les moyens de prospérité, dans lesquels il supplie son Souverain de le réintégrer.

M. le baron de Mousin voudra bien aussi remettre sous les yeux de sa Majefté les très-humbles supplications des trois ordres portées dans leur lettre, qu'ils ont supplié M. Neker d'avoir l'honneur de lui présenter.

DÈLIBÉRÉ en assemblée des trois ordres de la ville de Bar, le 20 Janvier 1789.

SIGNÉS,

De Maillet, Préfident.
De Poirfon, Chanoine.
De Lamorre, Chanoine.
Le Chevalier de Longeaux.
De Jobart, père.
Longeaux de Préville.

L'Abbé Contenot.
Picart.
Gerard, Arpenteur.
Vendieres d'Auzecourt.
Thirion, Avocat.
Lefcaille.

Mecuson
Robert.
Boucher de Morlaincourt.
Thirion.
Baudot, Avocat.
Le baron de Romècourt.
Le Chevalier de La Bessiére.
Person, Conseiller au Bailliage.
Charpentier.
Demengeot.
André, Chanoine, Curé de Saint Etienne.
De Vassimon, Prieur.
De Maillet, Chanoine.
De Beurges de Renesson.
Roussel de Chenois.
L'Abbé Mangeot.
De Gerard.
Bermont.
Bermont, Officier.
De Bombelle.
Le baron de Malvoisin.
De Marne Boncour.
Vendieres, Chanoine.
Lapique.
Le Chevalier de Billaut.
Noirel.
Henry, Chapelain.
De Marien.
Le Chevalier de Lescale.
Le Baron de Colliquet.
Longeaux l'aîné, Lieutenant des Maréchaux de France.
Saillet.
Le Chevalier de Colliquet.
Macuson, Brigadier des Gardes du Corps.
De Marne, Chevalier de S. Louis.
Noirel, Maître particulier.

De Billaut, Officier de Cavalerie.
Aubry, Maître des Comptes.
Boudart.
De Marne, Officier de Beauvoisis.
Vaultier.
De Laboissiere.
Chaudron, Avocat.
Dumoulin.
Bardot, Prêtre.
Bertrand, Chanoine Official, Curé de S. Antoine.
Deray, Prieur des Augustins.
Genicourt, Chapelain.
Perot.
Michel.
Champion.
L'Abbé Gommelet.
Bannet.
Contant.
Henry, Echevin.
Champion.
De Lauris.
François.
Brichard, Avocat.
Moreau, Médecin.
De Gand.
Demengeot.
Barbier.
Le Vicomte de Nettancourt.
Macuson, Docteur en Médecine.
Parisot Crossette.
Magot, Vicaire de S. Antoine.
Launois, Echevin de Notre-Dame.
André, Receveur des Finances.
Bouchez, Procureur.
Vergey l'aîné.
Perard, Avocat.
Petitpain, Négociant.
Robinot, Négociant.

Cellier , Marchand.
Mourot.
F. Leonard , Supérieur des Minimes.
Laurent.
Bala.
F. Bonaventure , Gardien des Capu-
cins.
Macuſſon , Prêtre.
Flebert.
Le Chevalier de Maillet.
Le Chevalier de Lamorre.
Le Seigneur.
Perſon , Avocat.
Sourdat , Conſeiller.
Tabouillot Moreau.
Paillot.
Robert.
Baudin.
Guebet le jeune.
Etienne Croſſette.
Garnier Tuppin.
Henriot , Avocat Aſſeſſeur de la Ma-
réchauſſée.
Magot , Médecin.
Jacquemin.
Le Comte de Brouſſey.
Le Baron de Mouſin.
Mercier.
Magot , Négociant.

Alexandre Baudelaire.
Gironcourt , Chevalier de S. Louis.
Guerin , Lieutenant particulier.
Lhuillier Deſaunay , Chevalier de S.
Louis.
Guillon , Avocat.
Humbert , Avocat.
Lapique.
Pichancourt.
Henriot le jeune , Avocat.
Drappier.
Baillot.
De Vendieres.
Lanthonnet.
Moreau.
Dufreſne.
Le Comte de Palis.
Le Baron de Bouvet , Chevalier de
Malthe.
De Longeaux.
L'Abbé d'Hauſen.
L'Abbé de Vaſſimon.
Péſchart de Gironcourt.
L'Abbé de Vaſſimon.
Ulry.
Jeannot.
Goſſin.
Magron.

A BAR-LE-DUC, de l'Imprimerie de J. R. BRIFLOT, 1789.